AF232589

O²·X
549

NOTICE

SUR

LA MISSION

DE

VISAGAPATAM

ANNECY

CHARLES BURDET, IMPRIMEUR DU CLERGÉ

—

1866

NOTICE

SUR LA MISSION

DE VISAGAPATAM

NOTICE

SUR

LA MISSION

DE

VISAGAPATAM

———×———

ANNECY

CHARLES BURDET, IMPRIMEUR DU CLERGÉ

—

1866

J. M. J. F.

On aurait pu donner sur la Mission de Visaga-patam une relation plus étendue. Nous avions même, à l'aide de nombreux documents, préparé un assez long compte-rendu qui nous semblait renfermer d'édifiants et intéressants détails. Mais plus d'une considération nous ont engagé à différer l'impression de ce travail et à ne publier que cette courte notice.

Elle suffira à faire connaître notre Mission de l'Inde, et à montrer à ses bienfaiteurs le fruit de leurs aumônes et de leurs prières. Hélas! elle suffira aussi à dévoiler les immenses besoins qui restent à satisfaire.

Annecy, 8 décembre, fête de l'Immaculée Conception de la Bienheureuse Vierge Marie.

M. C.

Missionnaire de saint François de Sales.

NOTICE

SUR LA

MISSION DE VISAGAPATAM

Saint François de Sales, au moment d'entreprendre la Mission du Chablais, disait à son père, qui l'en voulait détourner : « Que serait-ce, s'il fallait aller aux Indes ou en Angleterre? Certes, ce serait un voyage bien désirable ! »

Il convenait que les Missionnaires fondés sous le patronage et le vocable du bienheureux Évêque de Genève cherchassent à réaliser le vœu de son cœur. Aussi, à peine leur vénéré fondateur, M. Mermier, eut-il vu sa Congrégation suffisamment établie et fournie de sujets, qu'il supplia le Saint-Siége de lui confier une Mission dans les pays infidèles. Bénie, encouragée et fortement appuyée à Rome par l'illustre Mgr Rendu, qui occupait alors le siége épiscopal d'Annecy, cette demande fut bientôt exaucée. En mai 1845, la sacrée Congrégation de la Propagande assignait aux Missionnaires de saint François de Sales la Mission de Visagapatam, récemment démembrée du vicariat apostolique de Madras.

Cette Mission s'étend le long du golfe de Bengale, dans les Indes orientales, de Cuttack aux bouches du Godavéry, sur une surface de cinq cents milles anglais (180 lieues de long sur 100 de large). Elle est bornée au nord par le vicariat du Bengale, à l'ouest par celui de Bombay, au sud par celui d'Hydérabad, et à l'est par la mer, soit le golfe de Bengale.

La population catholique est composée de quatre éléments principaux : d'Indiens originaires des côtes de Malabar, qui servent dans les armées ou qui les suivent avec leurs familles; de soldats irlandais et de leurs familles, d'indigènes récemment convertis, et d'*East-Indians*, soit d'Indiens d'origine portugaise. On y compte aussi, mais en petit nombre, des Anglais et des Français.

Le reste de la population est mélangée de protestants, de musulmans et de païens. Les moins civilisés sont les habitants des montagnes et des vallées qui traversent l'intérieur; ils sont connus sous le nom de Kondes. Ils sèment très-peu, et trouvent dans les forêts du gibier, des fruits et des racines, qui leur servent de nourriture. Quoique leur caractère ne soit pas naturellement cruel, ils ont longtemps pratiqué les sacrifices humains, et le gouvernement anglais a dû déployer les plus sévères rigueurs pour détruire chez eux ce féroce usage (1).

Parmi les villes principales de la Mission, on remarque Visagapatam, son chef-lieu, qui compte environ neuf cents catholiques sur quarante mille habitants, Cuttak, Aurungabad, Nagpore et Berhampore.

Ce territoire, sauf le Comptoir français d'Yanaon, est tout entier sous la domination du gouvernement anglais.

M. Mermier reçut avec un indicible bonheur les lettres de Rome qui lui assignaient cette nouvelle portion de la vigne du Seigneur, et il s'empressa de choisir parmi ses Missionnaires les ouvriers qui devaient aller y travailler. Ce furent MM. Jacques

---

(1) Les Annales de la Propagation de la Foi ont publié sur ce peuple deux lettres fort intéressantes de Mgr Neyret (T. xxiii, p. 400, et t. xxvii, p. 354).

Martin, Joseph Lavorel, Jean-Marie Tissot et Jean Thévenet, accompagnés des deux frères coadjuteurs Pierre Carton et Sulpice Fontanel; ils s'embarquèrent à Bordeaux, le 8 juin 1845, et arrivèrent heureusement le 8 septembre à Pondichéry.

Ils trouvèrent dans cette ville, chez les prêtres des Missions-Étrangères qui y résident, l'accueil si aimable, les attentions si délicates, l'hospitalité si généreuse et si cordiale qui les distinguent et qu'ont toujours trouvés chez eux tous nos Missionnaires qui y ont passé. Mgr Bonnand, leur vicaire apostolique, se montra d'une bienveillance toute paternelle. Conformément aux intentions du Saint-Siége, il donna à nos Pères, pour les initier aux travaux apostoliques dans l'Inde, un de ses prêtres, M. Gailhot, avec le titre de Provicaire apostolique, relevant de l'Évêque de Madras.

Les tribulations, sceau providentiel de toute bonne œuvre, ne manquèrent point au début de la nôtre. Des difficultés nombreuses s'élevèrent tout d'abord avec tant de violence, que nos Missionnaires craignirent un moment d'être arrêtés irrévocablement au seuil de leur Mission, sans y pouvoir entrer. Une neuvaine à Celle qui sait tout arranger, *cuncta componens*, conjura cet orage. Après six mois d'une pénible attente, qu'ils avaient utilisée à Pondichéry dans l'étude des langues du pays, nos Pères s'embarquèrent avec M. Gailhot.

Yanaon fut la localité de leur Mission où ils arrivèrent d'abord, le 15 février 1846. Ils y laissèrent le P. Martin, qui se mit aussitôt à y exercer un laborieux apostolat. Mais le Seigneur voulait en faire, au lieu d'un ouvrier, une victime pour les intérêts de la Mission. Au bout de quatre mois, il succomba tout à coup aux attaques d'une fièvre cérébrale, emportant la vénération et les regrets de toute la colonie.

Cette nouvelle vint douloureusement troubler la joie des autres Missionnaires, qui étaient arrivés à Visagapatam et qui y étaient entourés par les soldats Irlandais de tous les égards imaginables. Le P. Tissot vint remplacer à Yanaon le P. Martin, pendant que le P. Thévenet se rendait à Aurungabad, et le P. Lavorel à

Kamptee , deux stations situées dans l'intérieur des terres.

Il n'y avait alors que trois prêtres dans toute la Mission : l'un, natif de Goa, à Visagapatam, et deux Irlandais attachés à l'armée comme chapelains dans le nord du Vicariat. Une étroite chapelle dans le chef-lieu, deux autres en fort mauvais état, à Kamptee et à Jaulnah, voilà ce que trouvèrent nos Pères à leur arrivée. On conçoit dans quel état devaient être les chrétientés éparses dans ce pays avec un tel état de choses.

Un nouvel et puissant renfort fut bientôt envoyé d'Europe. M. Mermier, cédant aux vœux d'un de ses fervents Missionnaires, M. Théophile Neyret, le fit partir pour l'Inde avec un Père et un Frère coadjuteur. En passant à Rome, M. Neyret fut nommé provicaire apostolique de Visagapatam, en remplacement de M. Gailhot, qui rentra dans sa Mission de Pondichéry. L'année suivante, quatre autres Pères de notre Congrégation débarquaient encore sur le sol indien; ils apportaient à M. Neyret les Bulles de Rome qui l'élevaient à la dignité de vicaire apostolique et d'Évêque. Il fut sacré à Madras le 24 février 1849, sous le titre d'Évêque d'Olène *in partibus infidelium*.

Cependant nos Missionnaires poursuivaient activement la visite des diverses chrétientés. Partout ils étaient reçus avec un religieux enthousiasme par les pauvres catholiques, si longtemps privés de la présence du prêtre. Les conversions les plus consolantes s'opéraient et la vie chrétienne renaissait de toutes parts.

On divisa le vicariat en quatre districts, ayant pour chefs-lieux les principales stations : Visagapatam, Yanaon, Kamptee et Aurungabad. Chaque district comprenait un certain nombre de stations moins importantes, qui d'abord étaient visitées de temps à autre par le prêtre et qui plus tard, à mesure que s'accrut le nombre des Missionnaires, devinrent elles-mêmes des résidences.

Partout on s'efforçait de bâtir des églises ou des chapelles, et de relever celles qui existaient autrefois, mais qui tombaient en ruines. En peu de temps on eut ainsi une vingtaine d'édifices, bien modestes, il est vrai, mais au moins pouvant servir sans trop d'inconvenance à la célébration des saints Mystères. Les allocations de la Propagation de la Foi, les dons de personnes charitables, les souscriptions couvertes par les soldats irlandais et même souvent par des protestants, parfois des secours accordés par les autorités militaires, subvenaient aux frais de ces constructions.

Aujourd'hui, le nombre de ces chapelles se trouve bien augmenté. On en possède une trentaine, toutes en briques et couvertes en tuiles. Onze d'entre elles ont des voûtes gothiques. On remarque surtout les églises de Visagapatam, de Kamptee, de Berhampore, d'Ellichpore, de Cuttack, d'Yanaon, d'Aurungabad, de Jaulnah et de Cocanada. La première, celle de la résidence du vicaire apostolique, fut élevée en assez bon style gothique, sur l'emplacement d'une petite chapelle dédiée à sainte Anne. Elle conserve ce vocable. La seconde, celle de Kamptee, fut achevée en 1858, sur un plan et sous la direction de Mgr Neyret ; elle est dédiée à la Vierge Immaculée et à saint Joseph. Elle est considérée comme un beau travail d'architecture par tous les Européens qui la voient.

Outre ces églises et chapelles, nos Pères ont construit, dans plusieurs petites stations, des oratoires en treillages ou en terre, recouverts de feuilles, où ils peuvent offrir le très-saint Sacrifice. A chaque chapelle est jointe une modeste habitation pour le Missionnaire.

Une des premières préoccupations de Mgr Neyret, à son arrivée dans l'Inde, fut de pourvoir à l'éducation religieuse de la jeunesse. On se ferait difficilement une idée de l'ignorance et de l'immoralité qui régnaient parmi les jeunes gens et les jeunes personnes. Les parents, faute d'écoles catholiques, étaient forcés ou d'envoyer leurs enfants aux classes protestantes, ou de les voir grandir sans aucune instruction. Comme Sa Grandeur avait longtemps servi d'Aumônier aux Sœurs de St-Joseph, à Évian en Savoie, sa pensée fut tout naturellement d'appeler à son aide, pour l'éducation des enfants, les religieuses de cette pieuse Congrégation. Le grand cœur de la Supérieure, Mère Aloysia, répondit avec élan à cette proposition. Elle en fit l'ouverture à ses Sœurs, qui sollicitèrent à l'envi l'honneur d'être envoyées. Dès ce moment, ce zèle ne s'est point attiédi ; à chaque annonce d'un départ pour les Indes, c'est, dans les Communautés de ces religieuses si dévouées, un assaut de générosité, un élan de demandes à partir, que l'obéissance seule peut modérer. Le ciel en soit béni, et daigne saint Joseph récompenser ses dignes filles de leur ardeur à s'immoler pour étendre le règne de Jésus chez les pauvres Indiens !

Parmi ces nombreuses aspirantes, quatre furent désignées pour aller commencer la belle œuvre qui les attendait au vicariat de Visagapatam. Accompagnées de deux nouveaux Pères de notre Congrégation, elles allèrent s'embarquer à Bordeaux. Les Sœurs de Saint-Joseph de cette ville les accueillirent avec une charité inexprimable. Déjà, pour nos Missionnaires qui avaient précédemment passé à Bordeaux, ces Religieuses avaient été d'un précieux secours. Elles renouvelèrent dans plusieurs autres circonstances leurs bontés à l'égard de la Mission de Visagapatam, et doivent compter parmi ses plus insignes bienfaitrices. Dieu, qui seul connaît les services qu'elles lui ont rendus et qu'elles lui rendent encore, saura bien les récompenser.

Après une traversée de cinq mois, les quatre Religieuses débarquèrent à Yanaon, le 5 décembre 1849. Grâce à l'active et généreuse initiative de M. Etienne Linarès et de sa sœur, elles trouvèrent en cette ville un local tout préparé pour un Orphelinat, et se mirent aussitôt à l'œuvre. Les succès qu'elles ne tardèrent pas à y obtenir pressèrent Mgr Neyret de procurer le même bonheur à son troupeau de Visagapatam, et, le 10 décembre 1850, avec quatre Missionnaires de saint François de Sales arrivèrent d'Europe dans cette ville cinq nouvelles Sœurs de Saint-Joseph. A leur tête se trouvait la Supérieure générale de Chambéry, Mère Saint-Jean, que son activité et ses mâles vertus rendirent si utile à notre Mission.

Hélas ! ce renfort était bien nécessaire. Mère Sainte-Claire, après deux mois de maladie, expirait à Yanaon, le 9 juillet 1850. Bien qu'elle fût âgée de quarante-six ans, ses excellentes qualités et son fervent esprit religieux l'avaient fait choisir pour fonder la première Communauté dans l'Inde, et le dévouement éclairé qu'elle mettait à son œuvre donnait et promettait les plus heureux fruits. On conçoit le vide que fit sa mort, et la consternation où elle laissa ses compagnes.

Un frère coadjuteur était mort peu de temps auparavant, et, deux mois plus tard, un de nos Pères succombait aux suites de la fièvre des forêts.

Tant de pertes navraient l'âme si sensible de Mgr Neyret; mais sa soumission aux impénétrables décrets de l'adorable Providence lui conservait le calme nécessaire à ses travaux. Pendant que la construction de son église s'achevait à Visagapatam, et que l'établissement des Sœurs s'y affermissait et y produisait les plus beaux résultats, l'infatigable évêque entreprit la visite de son vicariat.

Le district d'Aurungabad fut le premier qu'il parcourut. C'était celui où les plus graves difficultés s'étaient rencontrées. Le Missionnaire, qui y était entré en 1846, s'y était constamment trouvé dans les luttes les plus vives, surtout vis-à-vis de quelques prêtres schismatiques portugais. Ces malheureux, froissés outre mesure de se voir enlever une autorité usurpée dont ils abusaient depuis longtemps, firent tous leurs efforts pour aliéner à notre confrère l'esprit de la population catholique. Hélas! ils n'y réussirent que trop dans les premiers temps. Dépourvu de ressources, obligé de vivre dans la plus stricte pauvreté, ce bon Père n'avait rien qui lui attirât la considération chez des gens grossiers, pour qui l'extérieur était tout. Ses adversaires l'accablaient de calomnies, prévenaient contre lui les autorités administratives et lui arrachaient par leur influence tous les chrétiens qu'il pouvait instruire. On alla jusqu'à attenter à ses jours. « J'avais tout contre moi, écrivait-il en 1848 à M. Mermier, excepté Dieu et la justice de sa cause. » Mais le Dieu des faibles prit sa cause en main et la fit enfin triompher. Le 20 mai 1849, après mille épreuves, notre Missionnaire put montrer au Père qui venait résider avec lui une maison et une chapelle qu'il était parvenu à bâtir. Mgr Neyret, qui arriva chez lui peu après, récolta à Aurungabad de nombreuses consolations, fruit des épreuves de leur apôtre.

Sa Grandeur continua sa marche vers le nord, et arriva à Kamptee le 23 juillet 1852. Son premier soin fut de donner à cette importante station le précieux secours qu'il avait procuré à Yanaon et à Visagapatam. Il y fit élever un couvent, et, en avril 1854, Mère Saint-Jean et deux de ses Sœurs vinrent en prendre possession en y intronisant solennellement la statue de la Reine Immaculée. Dès lors la jeunesse de Kamptee, élevée par des mains si dévouées, donna à toute la chrétienté du pays une heureuse impulsion. La piété y refleurit du plus doux éclat.

Parmi les jeunes élèves reçues dans ce pensionnat, plusieurs ne voulurent plus le quitter. On dut, pour seconder leurs fervents désirs, songer à l'établissement d'un noviciat. Les frais en furent généreusement faits par un bienfaiteur de la Mission, le capitaine Dewell, et le soir de Noël 1859 Mère Saint-Jean, au comble de ses vœux, installait dans un local très-convenable ses chères et premières novices de l'Inde.

Vers le même temps, Mgr Neyret fonda à Kamptee, pour l'éducation des jeunes filles de classes inférieures, une Communauté de Religieuses indigènes dites de l'Immaculée Conception, qui vivent sous la direction des Sœurs de Saint-Joseph.

Le pieux Évêque ne s'occupait point seulement de l'éducation des jeunes filles. Dès son arrivée, il avait trouvé à Visagapatam une école fondée par Mgr Fenelly, vicaire apostolique de Madras, et contenant une trentaine de jeunes garçons. Il augmenta considérablement ce nombre, et joignit aux classes un pensionnat où l'on compte maintenant une centaine d'enfants. Un de nos Pères, aidé de plusieurs Frères coadjuteurs, dirige cet établissement. On y enseigne, suivant la portée et les besoins des élèves, les éléments des arts et des sciences qui leur doivent être le plus utiles. Les enfants y montrent une aptitude spéciale pour les mathématiques.

Un établissement semblable se trouve à Kamptee. De plus, une vingtaine d'écoles sont répandues dans les diverses stations, les unes exclusivement pour la langue anglaise, les autres pour les langues du pays. Le nombre total des élèves des deux sexes qui fréquentent nos classes approche de sept cents; cent cinquante d'entre eux sont entretenus complètement aux frais de la Mission, et sont répartis, les filles, dans les orphelinats de Visagapatam, de Kamptec et d'Yanaon, les garçons, dans ceux de Visagapatam et de Kamptec.

Hélas ! combien de fois, faute de ressources et de personnel, nos Missionnaires sont-ils obligés de refuser des sujets, et souvent même appartenant à des familles protestantes, qui sollicitent la faveur d'être élevés dans leurs écoles ou tenus dans leurs orphelinats ! Pourtant, quels fruits on récolterait si l'on pouvait donner à l'éducation de l'enfance toute l'extension qu'elle devrait avoir dans le vicariat !

Plusieurs jeunes gens, sortis de ces écoles après y avoir poussé leurs études plus loin que les autres, voulurent ensuite se dévouer eux-mêmes à l'instruction de leurs frères. Quelques-uns parmi eux sont entrés dans notre Congrégation. Mgr Neyret avait l'intention d'en élever aux ordres sacrés, pour commencer un clergé indigène que tous désirent ; mais, jusqu'ici, les circonstances n'ont pas permis de réaliser ce vœu.

Cependant, Mgr Neyret avait continué ses visites pastorales. Malgré l'état chétif de sa santé, les ardeurs du soleil indien et les distances immenses qu'il avait à parcourir pour voir ses chrétientés disséminées sur une surface presque aussi étendue que la France, il les visita toutes plusieurs fois. Partout il administrait le sacrement de confirmation, exhortait le peuple, encourageait les confréries, conciliait les différends et consolait ou même soignait les malades. D'une simplicité vraiment apostolique et d'une affabilité toute *Salésienne*, il se faisait aimer de tous et on l'appelait le bon, le saint évêque de Visagapatam. Le charme de ses manières lui ménageait ordinairement aussi la plus grande courtoisie de la part des autorités avec lesquels il était en rapports, et c'est en grande partie aux bons offices des hauts employés du gouvernement et des chefs de l'armée qu'il dut l'avantage de faire en sûreté, et souvent à peu de frais, ses tournées apostoliques.

Son voyage le plus pénible fut le dernier qu'il fit, et qui lui coûta la vie. Il accompagnait à Kamptec la nouvelle Supérieure de ses

Sœurs de Saint-Joseph, Mère Joséphine, et quelques autres personnes. La saison était des plus défavorables. On ne peut dire les privations, les contrariétés, les épreuves de tout genre que le saint Évêque eut à supporter.

Quand il arriva à sa destination, il était exténué. « Je croyais vous apporter la joie, disait-il aux Religieuses de Kamptee qui l'entouraient tout inquiètes, je ne vous apporte que la tristesse.... Abandonnons-nous entre les mains de la bonne Providence. Dieu est un Père tendre et tout-puissant... Tout ce qu'il fait est pour le bien de ses enfants. Oh ! pour un peu de souffrance, nous aurons une éternité de délices. » Puis, élevant les yeux au ciel, il s'écria : « O éternité ! éternité ! éternité ! » Sa voix se perdit dans ses soupirs.

Épuisé de fatigues, il se mit au lit pour ne plus se relever. Le quatrième jour, il reçut les derniers sacrements, répondant lui-même à toutes les prières, dans les sentiments de la foi la plus vive et de la plus tendre piété. Le lendemain, 5 novembre 1862, sans secousse, sans prononcer une seule parole, il rendait sa belle âme à Dieu. Il avait plus de soixante ans.

La douleur que causa partout son trépas, les témoignages de vénération qu'on prodigua à ses dépouilles mortelles, le concours de personnes de toutes conditions et même de diverses religions à ses obsèques, dirent assez haut la réputation dont il jouissait dans son vicariat.

Il laissait sa Mission des Indes, grâce à ses efforts constants, dans un état prospère, et, deux ans avant sa mort, il avait eu le bonheur d'en fonder une autre en Angleterre, au diocèse de Clifton. Il y avait envoyé de Kamptee un de ses prêtres, accompagné du capitaine Dewell, fondateur de ce nouvel établissement. Les Missionnaires de saint François de Sales continuent à desservir cette station, et, Dieu en soit loué ! leur ministère ne s'y exerce pas sans fruit.

Une année avant sa mort, le cœur de Mgr Neyret avait reçu une blessure qui n'avait pu se fermer, et qui avait ébranlé rudement sa santé. Mère St-Jean, apprenant à Kamptee la prochaine arrivée aux Indes de quatre nouvelles Sœurs, voulut aller les recevoir à leur débarquement. Malgré les efforts qu'on fit pour la détourner de ce long et pénible voyage, elle tint à l'entreprendre. Elle y souffrit toutes sortes de peines et arriva malade à Visagapatam. Là, tous les soins devinrent inutiles. Entourée de ses Sœurs, elle couronna par une mort admirable de pieux et héroïques sentiments une vie exemplaire, dont les dix dernières années avaient été celles d'une véritable Apôtre. Vrai type de la femme forte, Mère Saint-Jean ignora toujours les faiblesses du découragement. Au milieu des difficultés de tout genre qu'elle eut à surmonter, pleine d'une confiance illimitée en Celle qu'elle appelait « sa douce Mère du ciel, » elle conservait un calme et une prudence d'action in- croyables. Aussi réussit-elle au-delà de tout espoir dans ses entreprises. Elle s'était acquis la plus haute estime de chacun. A présent encore elle vit dans la vénération de tous, et les indigè- nes la réclament souvent. La divine Providence ne semble pas avoir pu choisir une Religieuse plus apte à fonder les établissements d'éducation de notre Mission. On considéra un moment sa perte comme irréparable ; mais Mgr Neyret eut, avant de mourir, la consolation de la remplacer bien dignement. La première Supé- rieure des Sœurs de Saint-Joseph dans l'Inde, et aussi la première victime, était du diocèse d'Annecy; la seconde, du diocèse de Cham- béry ; la troisième fut du diocèse de Maurienne. Dieu voulait accorder à ces trois Communautés l'honneur d'envoyer au ciel des apôtres et des martyres.

Mère Joséphine, qui succéda à Mère Saint-Jean, continua parfai- tement son œuvre, sur le même pied et avec le même esprit. Elle avait été pendant quelques années Supérieure générale des Com- munautés du diocèse de Saint-Jean de Maurienne, et Mgr Vibert, son évêque, en la cédant à notre Mission, fit un bien grand sacri- fice. Ce ne fut pas là le moindre des bienfaits dont le vicariat de Visagapatam est redevable à l'inépuisable bonté de cet illustre prélat. La douce et prudente direction de Mère Joséphine aux Indes fut de bien courte durée. Après trois ans, sa santé ébranlée donna de sérieuses inquiétudes, et bientôt ne laissa aucun espoir.

Sa dernière agonie arriva le jour de la fête de Saint-André. Comme cet Apôtre, elle s'éteignit doucement, embrassant avec joie sa dernière croix, employant le reste de ses forces à édifier ses Sœurs par les avis les plus touchants et les plus solides, et à s'entretenir en brûlants colloques avec son divin Sauveur. Le lendemain, premier vendredi du mois de décembre 1865, elle alla contempler au ciel les divines amabilités du Cœur de Jésus son Époux.

Quatre jours après, dans une pauvre charrette, au milieu d'une vaste forêt qu'il traversait pour aller à Kamptee, mourait en vrai Missionnaire le R. P. Lavorel, l'un des quatre premiers partis pour l'Inde. Sa simplicité, sa piété et sa douceur rendaient son apostolat extrêmement fructueux, et sa compagnie, incomparablement aimable. Quoique la cataracte lui eût enlevé un œil et considérablement affaibli l'autre, il fallut un ordre formel de ses Supérieurs pour l'éloigner du climat de l'Inde et l'envoyer se soigner en Europe. Mais son séjour dans la Savoie, sa patrie, lui paraissait un dur exil ; il ne songeait qu'à ses Indiens. Force fut de le laisser repartir au bout de trois années, en 1858, malgré son âge avancé (cinquante-six ans), et son infirmité persistante. Il reprit ses travaux apostoliques avec la vigueur d'un jeune homme. Mgr Tissot, au moment de quitter son vicariat, l'en avait nommé administrateur. Son premier acte d'autorité fut de partir pour visiter des chrétientés éloignées, et ce fut dans ce voyage qu'il mourut victime de son zèle.

Le Seigneur avait sans doute reçu en odeur de suavité le double holocauste que le vicariat de Visagapatam lui avait offert en perdant Mère Saint-Jean et son évêque, car, immédiatement après leur mort, un progrès sensible se remarqua dans toute notre Mission.

Le P. Tissot fut nommé administrateur du vicariat par la Congrégation de la Propagande, aussitôt qu'elle eut connaissance du décès de Mgr Neyret. L'année suivante, il fut nommé évêque de Milève, *in partibus*, et Vicaire apostolique. Il fut sacré à Bombay, le 3 avril 1864, par Mgr Steins, de la Compagnie de Jésus. Ce digne Prélat et les excellents Pères qu'il a près de lui ne négligèrent rien pour rendre la solennité de ce sacre imposante, même aux yeux des ennemis de la foi, et ils prodiguèrent au nouvel Évêque, pendant le séjour d'un mois qu'il fit chez eux, toutes les délicatesses de la plus charitable hospitalité.

Mgr Tissot, qui avait déjà parcouru quelques stations en sa qualité de provicaire, compléta la visite de sa Mission après son sacre. Il fut fêté sur tout son passage avec les égards les plus respectueux et la joie la plus filiale par tous ses catholiques. Il administra le baptême à un certain nombre d'adultes, la confirmation à plus de six cents fidèles, et constata avec bonheur dans les différents districts de sensibles améliorations qui, grâces à Dieu, ont continué jusqu'à présent.

Les écoles prospèrent d'une manière visible. La connaissauce des langues et des usages du pays s'augmente dans les maîtres et les maitresses en même temps que l'affection et la confiance dans le cœur des élèves. Les inspecteurs envoyés par le gouvernement ont plus d'une fois rendu témoignage à la bonne tenue des classes et à la solidité de l'instruction qui s'y donne. Non-seulement elles luttent sans infériorité contre les autres écoles, mais, si l'on en croit des juges impartiaux, elles ont souvent l'avantage sur elles.

La pratique de la religion, la fréquentation des sacrements et la dévotion à la très-sainte Vierge sont généralement en honneur chez les fidèles. Les fêtes se célèbrent avec un grand concours, et, ces jours-là, le confessionnal et la Table sainte sont bien garnis. Les processions, dont la pompe charme tant les Indiens, font l'admiration des païens. On les a vus souvent abandonner leurs fêtes idolâtriques et leurs cortéges superstitieux pour venir assister aux cérémonies catholiques. Hélas ! que serait-ce si les églises du vicariat étaient convenablement ornées et meublées ! Mais le strict nécessaire y manque souvent, car les ressources sont bien restreintes. On fait de fréquents appels à la générosité des chrétiens, qui y répondent avec un zèle vraiment édifiant; mais on n'ose être indiscret.

La conversion des païens est l'objet incessant de la sollicitude des Missionnaires. Mais là , combien de difficultés ! Superstitions, préjugés, efforts du protestantisme, et, surtout, division de castes si fortement ancrée dans les mœurs et si hostile à toute innovation ; que d'obstacles à surmonter pour ramener un seul infidèle !

Néanmoins, le Dieu qui peut tout ne laisse point sans fruits cette branche de l'apostolat de nos confrères dans l'Inde. Ils avaient baptisé déjà plus de treize cents païens au commencement de cette année, dans les deux seules stations de Paalcondah et de Soradah, où ils n'avaient trouvé que des infidèles, et, en moyenne, ils en baptisent là, surtout des adultes, environ deux cent cinquante par an. Dans le reste du vicariat, la moyenne des baptêmes d'adultes, chaque année, ne dépasse guère la centaine.

L'aimable Providence se sert parfois des plus petits moyens pour amener les plus belles conversions. Il y a peu de temps, par exemple, à Yanaon, une petite catholique, âgée de six ans à peine, dit un jour les larmes aux yeux à son *aya* (bonne), qu'elle affectionnait tendrement : « Je t'aime bien, mon aya ; mais ce qui me peine, c'est que je ne t'aurai pas avec moi dans l'autre monde. J'irai en paradis avec le bon Dieu, et toi, tu es païenne, tu iras en enfer. Fais-toi chrétienne, et nous irons ensemble en paradis. » L'aya fut vivement émue, la grâce la toucha ; peu de jours après elle était chrétienne, elle faisait baptiser ses deux filles, et son mari sollicitait la même faveur.

Souvent, la douce Reine du ciel se plaît à opérer elle-même le retour des infidèles à la vérité. Un jour, une mère de famille païenne promet de se convertir si son époux, dangereusement malade, se rétablit. Les chrétiens récitent les litanies de Lorette, le mari guérit et sa femme se fait baptiser sous le nom de Marie.

Une autre fois, c'est une médaille de la Vierge immaculée qui délivre une personne du péril de la mort et prépare sa conversion.

A Paalcondah, c'est encore le Salut des infirmes qui est la plus puissante auxiliaire de nos Pères. Les païens eux-mêmes les supplient de porter son image en procession, convaincus qu'elle les a délivrés du choléra. En d'autres circonstances, c'est la majesté du culte catholique, si pauvrement que nous puissions le célébrer, qui séduit les idolâtres et les arrache à leurs rites superstitieux et barbares. L'un d'eux avoua qu'il s'était fait chrétien pour être sépulturé convenablement et n'être pas *fourgonné* sur un bûcher à sa mort, selon l'usage de sa caste.

Enfin, souvent la grâce agit seule, et, sans motif extérieur connu, change des âmes nourries des erreurs du paganisme en néophytes et en apôtres zélés. Mgr Tissot, revenant de son sacre, rencontre une femme d'une soixantaine d'années qui implore la grâce du baptême. « Es-tu seule ? lui demande le prêtre qui accompagne Sa Grandeur. — Non, j'ai ma mère qui ne veut se convertir. Va la chercher. » Elle revient au bout d'un instant ; elle a persuadé sa vieille mère, l'apporte sur son dos. Peu après, toutes deux recevaient l'eau sainte.

Hélas ! depuis quelque temps, le principal agent de conversions est la famine qui ravage si horriblement certaines provinces du vicariat. Le Dieu qui dispose tout pour le salut des âmes, et qui sait toujours tirer le bien du mal, a peuplé son paradis par le moyen de ce redoutable fléau.

Les journaux ont appris à l'Europe les effroyables rigueurs qu'exerce depuis plus d'une année dans l'Inde la disette, qu'y ont produits, entre autres causes, trois années d'indicible sécheresse. C'est dans la Mission de Visagapatam que ce mal est le plus intense. Impossible de décrire quelles proportions a prises la misère, en ces pays, dans ces derniers temps : c'est par milliers qu'il faut chaque jour compter ses victimes. Dans les lieux où le gouvernement ne peut exercer sa surveillance, on trouve plusieurs cadavres sur les routes ; personne, tant leur nombre est grand, ne prend soin de les enterrer ou de les brûler, et l'infection qu'ils exhalent ajoute les horreurs des maladies pestilentielles à celles de la famine. Nos Missionnaires ont fait un suprême effort, ils ont rassemblé toutes leurs ressources, frappé à toutes les portes, contracté de gros emprunts pour soulager une si épouvantable détresse. Leurs résidences sont assaillies par les habitants affamés. D'après une lettre récente, on en avait vu plus de cent demander à la fois un peu de riz à un de nos confrères.

Nos Pères ont aussitôt ouvert des asiles pour y retirer les enfants que leurs parents dénués de tout sont obligés d'abandonner, et qu'une inévitable mort menace. On leur administre le baptême. Le plus grand nombre, exténué par de longues et insoutenables privations, s'envole au ciel régénéré dans l'eau sainte, au bout de quelques jours. Les autres sont entourés de tous les soins possibles, et, si Dieu leur vient en aide, ils grandiront dans notre foi.

Le Missionnaire de Berhampore seul en baptisa ainsi cinq cent quarante-quatre, du mois de juin au mois de septembre, et il en avait, à cette dernière époque, cent vingt-cinq à sa charge, obligé de leur procurer des nourrices et de pourvoir à leur complet entretien.

Selon des nouvelles ultérieures, reçues il y a peu de jours, le nombre des baptêmes d'enfants recueillis de cette manière depuis juin se monte à sept cent quarante-deux. Il en reste actuellement deux cent cinquante sur les bras de nos Pères.

On conçoit aisément que les ressources de la Mission, déjà insuffisantes pour les besoins ordinaires, sont entièrement impuissantes à satisfaire ces nouvelles exigences. Nos confrères ont la douleur de refuser forcément une foule de ces petites victimes de la disette, et de renvoyer affamés un nombre incommensurable de pauvres.

L'Œuvre de la Sainte-Enfance, grâces à Dieu, bien prospère dans le Vicariat, a renouvelé en cette occasion dans l'Inde les prodiges de charité qu'elle produit ailleurs. Les jeunes filles des pensionnats et des orphelinats, avec un désintéressement inexplicable à leur âge autrement que par la grâce divine, travaillent jour et nuit pour vendre quelques ouvrages et procurer l'entretien à quelques enfants de plus. Les chrétiens qui le peuvent y contribuent avec la plus grande générosité; mais qu'est-ce que tout cela devant des besoins si immenses? Espérons que Dieu prendra bientôt en pitié ce pauvre peuple et que, grâce aux secours du gouvernement et à la récolte de cette année, qui s'annonce meilleure, cette désastreuse famine parviendra à s'éteindre.

Mgr Tissot, réalisant une idée longtemps caressée par les Missionnaires de son Vicariat, a enfin réussi à acheter du gouvernement, sur deux points de son territoire, quelques terres incultes. Il a commencé à les faire défricher. Son but n'est pas seulement d'augmenter ainsi le revenu de sa Mission, et de combler les vides que tant de misères y creusent, il est encore et surtout de procurer de l'ouvrage aux pauvres Indiens, de les habituer au travail, de les former à l'agriculture et de les attacher ainsi à notre sainte religion. Tous ceux qui ont évangélisé les infidèles savent quel puissant moyen de moralisation et de conversion l'on trouve dans la colonisation des peuplades païennes. Mais il faut commencer par payer chèrement les bras qui doivent cultiver ces steppes, sans avoir aucun dédommagement. Ici donc encore, combien se fait sentir le besoin d'argent !

La seule ressource assurée du vicariat de Visagapatam est l'allocation annuelle de la Propagation de la Foi. Elle était l'année dernière de dix-huit mille francs. Cette année elle s'est élevée à vingt mille, les Conseils ayant bien voulu accorder une augmentation de deux mille francs pour le défrichement des terres dont nous venons de parler.

Cette somme, jointe aux autres revenus de la Mission, est bien loin de couvrir les frais énormes qu'exige l'entretien complet de seize Missionnaires, de douze Frères et novices coadjuteurs, de vingt-sept Religieuses ou novices et de cent cinquante orphelins des deux sexes.

Combien ce déficit aura augmenté ces derniers temps, à raison des désastres de la famine et des deux cent cinquante nouveaux orphelins qu'il faut entretenir depuis sept mois !

Il y a plusieurs années que les Supérieurs de notre Congrégation désiraient voir le Vicaire apostolique de Visagapatam faire un voyage en Europe. Les circonstances se sont longtemps opposées à la réalisation de ce souhait ; enfin, cette année, Mgr Tissot a pu s'y rendre avec l'autorisation de la Propagande. Il quitta l'Inde au mois de mai dernier, et nous arriva le 1er juillet.

Après quelques semaines passées au milieu de ses confrères, il alla remplir à Rome son devoir de la visite *ad limina*. Le Souverain Pontife, l'angélique Pie IX, le reçut avec une bienveillance de père. S. Ém. le Cardinal Préfet de la Propagande se montra plein de bonté à son égard, et il emporta de la ville éternelle, avec les parfums dont s'y embaument tous les cœurs catholiques, des grâces précieuses pour sa Mission.

Il fit un voyage à Paris, où l'Œuvre de la Propagation de la Foi et l'Œuvre apostolique lui donnèrent de précieux secours et de bonnes espérances. A Bordeaux, où la reconnaissance lui faisait un devoir d'aller, il retrouva le dévouement et la générosité dont il avait gardé le souvenir depuis son premier départ pour les Indes.

Mais c'est dans sa chère patrie que son cœur a pu jouir des plus douces satisfactions. Accueilli par Mgr Magnin avec l'affabilité qui le caractérise, il fut également reçu de tous ses confrères ecclésiastiques avec les marques de la plus touchante sympathie. Nous les en remercions profondément. Enfin, dans les courses qu'il a dû faire dans notre diocèse pour voir ses amis et visiter les parents de ses confrères de l'Inde, Sa Grandeur a été grandement édifiée des témoignages de respect, de dévouement et de générosité que lui ont prodigué les fidèles. Il a pu se convaincre que, depuis son premier départ, la catholique Savoie, soignée par un clergé constamment exemplaire, avait gardé pour la dignité épiscopale la vénération que lui ont toujours conciliée chez nous les dignes successeurs de saint François de Sales.

Enfin, Mgr Tissot va regagner son vicariat. Au moment où nous traçons ces lignes, il fait les derniers préparatifs de son départ. Il a le bonheur d'emmener avec lui deux prêtres et deux frères de notre Maison, et cinq Religieuses de Saint-Joseph. Deux autres de nos prêtres partiront dans deux mois pour aller les rejoindre. Il nous serait bien doux d'augmenter ce nombre et d'accorder d'autres sujets aux désirs pressants de Sa Grandeur et aux impérieuses nécessités spirituelles de l'Inde ; mais, hélas ! nous avons, on le sait bien, grande peine à faire face aux charges multipliées que nous avons dans le diocèse, et nous devons bien souvent dire en gémissant : *Messis quidem multa, operarii autem pauci.*

Daigne l'Ange protecteur de l'Inde faire bon accueil aux nouveaux ouvriers que nous lui envoyons, et dédommager notre Maison du diocèse d'Annecy de leur perte, en comblant les vides qu'ils laissent dans nos rangs !

Nous ne saurions terminer cette Notice sans payer un tribut de regrets et d'éloges à ceux de nos confrères qui sont déjà partis du sol de l'Inde pour la céleste patrie.

Hélas ! cette Mission nous a coûté de cruelles séparations : neuf de nos Pères et deux de nos Frères y ont déjà péri. Les uns, comme les PP. Martin, Sermet, Gavard, Bétemps, Reydet et Delavenay, furent emportés à peine arrivés dans l'Inde ; plus fortunés pour ainsi dire que les autres, ils reçurent la récompense de leur sacrifice sans l'acheter par les sueurs de l'apostolat. D'autres, tels que le frère Pierre Carton et le P. Seigneur, ne vécurent que peu d'années dans leur chère Mission. Ce dernier, par sa rare piété et ses talents, donnait les plus belles espérances. A son passage à Bordeaux, la Supérieure de Saint-Joseph pronostiqua qu'il aurait le *don des langues.* De fait, en quatre ans, outre l'anglais, il avait appris cinq dialectes indiens, et il avait acquis la connaissance si rare et si appréciée du Sanscrit, la langue savante de l'Inde. Les indigènes chantent encore les vers d'un poëme qu'il avait composé en Oriah sur les principales vérités de notre sainte religion.

Sept Sœurs de Saint-Joseph sont aussi décédées dans l'Inde, et, parmi elles, on l'a vu, trois excellentes Supérieures.

Si des morts, si nombreuses en si peu de temps, nous ont douloureusement affligés, notre chagrin a été bien adouci par la confiance qu'elles ont toutes été très-précieuses aux yeux du Seigneur. Impossible de ne pas mêler les larmes d'une suave émotion à celles de la tristesse, en lisant les relations reçues des Indes sur la mort des Missionnaires, des Frères et des Religieuses.

Par une coïncidence admirable due sans doute à une délicatesse maternelle de la Reine des Apôtres, presque tous ces décès ont eu lieu dans le mois de Marie, ou au moins dans des jours, soit dans des octaves qui lui étaient consacrés. Soit qu'elles aient été frappées de ces maladies promptes, dont les coups terribles ne sont que trop fréquents dans l'Inde, soit qu'elles aient succombé à des maux plus prolongés, qu'elles fussent seules ou assistées du prêtre, ces victimes du zèle apostolique n'ont jamais été surprises. Une préparation immédiate les avait toujours disposées au grand passage. Plusieurs ont offert le plus édifiant spectacle. L'une, Mère Sainte-Claire, expirait étonnée des délices qui inondaient son âme au milieu des plus cruelles souffrances, et s'écriait : « Quelle grâce Dieu m'a faite en m'appelant à mourir dans l'Inde ! » Un autre, frère Pierre Carton, se montrait si radieux à son dernier soupir, qu'un protestant ne put s'empêcher de s'écrier à sa vue : « Voilà le visage d'une âme juste, qui a passé à son Créateur sans trouble et sans crainte. » Un autre, le P. Reydet, dit avoir vu la très-sainte Vierge l'assurant de son salut, et, quelques instants avant sa fin, dans un accès de fièvre qui semble tenir de l'extase plus que du délire, meurt en chantant : *In te, Domine, speravi, non confundar in æternum.* Un autre, Michel Donche, scholastique, dans un moment semblable, s'écrie en mourant : « Je vais voir au ciel *the blessed Mary*, la divine Marie. »

Ah ! qu'on sent le besoin d'appliquer ici le mot d'un serviteur de Dieu et de dire : « S'il est dur de vivre aux Indes, il est bien doux d'y mourir ! »

LISTE

DES MISSIONNAIRES

PARTIS POUR LA MISSION

DE VISAGAPATAM

Jacques MARTIN, né à la Côte-d'Arbroz en 1802, parti en 1845, mort le 5 mai 1846.

Joseph LAVOREL, né à Cuvat en 1804, parti en 1845, mort en 1865.

Mgr Jean-Marie TISSOT, né à Megève en 1810, parti en 1845.

Jean THÉVENET, né à Clermont en 1817, parti en 1845, actuellement à Kamptee.

Mgr Théophile-Sébastien NEYRET, né à Gyez en 1802, parti en 1846, mort en 1862.

Jean-Marie DUPONT, né à Thônes en 1818, parti en 1846, actuellement à Paalcondah.

François DECOMPOIS, né à Bons en 1824, parti en 1849, actuellement en Angleterre.

Jean-François BALMAND, né à Saint-Nicolas-la-Chapelle en 1825, parti en 1849, actuellement à Kamptee.

Amédée DELALEX, né à Marin en 1827, parti en 1851, actuellement à Jubbulpore.

François LARIVE, né à Hermillon (Maurienne) en 1819, parti en 1848, actuellement en Angleterre.

Jean-Nicolas DECOMPOIS, né à Bons en 1822, parti en 1851, actuellement à Cuttack.

Jean-Baptiste Bénistrand, né à Francin (Chambéry) en 1817, parti en 1848, actuellement à Aurangabad.

François-Marie Sermet, né à Sallanches en 1825, parti en 1848, mort en 1850.

Marie Gavard, né à Brenthonne en 1820, parti en 1848, mort en 1849.

Maurice-Victor Domenge-Héritier, né à Doussard en 1827, parti en 1851, actuellement en Savoie.

Philippe Richard-Cugnet, né à Serraval en 1824, parti en 1851, actuellement à Visagapatam.

Joseph-Eugène Seigneur, né à Megève en 1827, parti en 1853, mort en 1861.

François Avrillon, né à Thônes en 1828, parti en 1853, actuellement à Paalcondah.

Michel Périssin-Faber, né au Grand-Bornand en 1827, parti en 1857, actuellement à Berhampore.

Antoine Guillermin, né à Poisy en 1822, parti en 1853, actuellement à Sooradah.

François Bétemps, né à Manigod en 1828, parti en 1853, mort en 1854.

Pierre Bozon-Bontemps, né à Manigod en 1822, parti en 1853, actuellement à Cocanada.

Jean-Marie Reydet, né à Arrâche en 1832, parti en 1857, mort en 1861.

Jean-Marie Debornes, né à Cruseilles en 1815, parti en 1857, actuellement à Yanaon.

Alexis Riccaz, né à Saint-Jean d'Arve (Maurienne) en 1834, parti en 1861, actuellement à Visagapatam.

Jean-Jacques Delavenay, né à Desingy en 1820, parti en 1861, mort en 1863.

François-Michel Mabboux, né à Megève en 1830, parti en 1864, actuellement à Kamptee.

Jean-Louis Grillet, né à Annemasse en 1844, parti en 1864, actuellement en Savoie.

Frères coadjuteurs partis pour les Indes.

Pierre CARTON, né à Alex en 1817, parti en 1845, mort en 1850.

Charles-Claude GAILLARD, né à Crempigny en 1824, parti en 1846, actuellement à Kamptee.

Sulpice FONTANEL, né à Allinges en 1819, parti en 1845, mort en 1861.

Jean-Pierre PICOT, né à Lullin en 1814, parti en 1853, actuellement à Vizagapatam.

Jean-Marie PANISSET, né à Naves en 1820, parti en 1857, actuellement à Berhampore.

Sœurs de Saint-Joseph parties pour les Indes.

Sœur SAINTE-CLAIRE, née à Ugine, partie en 1849, morte en 1850.

Sœur SAINT-FRANÇOIS DE SALES, née à Desingy, partie en 1849, actuellement à Visagapatam.

Sœur JUSTINE, née à Thairy, partie en 1849, actuellement à Yanaon.

Sœur PLACIDE, née à Annecy, partie en 1849, actuellement à Visagapatam.

Sœur SAINT-JEAN, née dans le diocèse de Chambéry, partie en 1851, morte en 1862.

Sœur AUGUSTINE, née dans le diocèse de Chambéry, partie en 1851, morte en 1853.

Sœur ROSE, née à Talloires, partie en 1851, actuellement à Kamptee.

Sœur MARIE DES ANGES, née dans le diocèse de Chambéry, partie en 1851, actuellement à Visagapatam.

Sœur URSULE, née à Frangy, partie en 1851, actuellement à Yanaon.

Sœur SAINT-AUGUSTIN, née à Collonges, partie en 1851, morte en 1852.

Sœur Joséphine, née dans le diocèse de Saint-Jean de Maurienne, partie en 1853, morte en 1865.

Sœur Alphonse, née dans le diocèse de Saint-Jean de Maurienne, partie en 1853, actuellement à Kamptee.

Sœur Eulalie, née à Crempigny, partie en 1853, actuellement à Kamptee.

Sœur M.-Françoise, née au Cret (Suisse), partie en 1853, actuellement à Yanaon.

Sœur Louise-Michel, née dans le diocèse de Chambéry, partie en 1853, actuellement à Kamptee.

Sœur Sabine, née dans le diocèse de Chambéry, partie en 1853, actuellement à Kamptee.

Sœur Anthelme, née à Moûtiers, partie en 1857, actuellement à Kamptee.

Sœur Saint-Charles, née à Marigny, partie en 1857, actuellement à Visagapatam.

Sœur Athanase, née à Frangy, partie en 1857, actuellement en Angleterre.

Sœur Marie-Péronne, née à Mieussy, partie en 1857, actuellement à Visagapatam.

Sœur Sainte-Claire, née aux Houches, partie en 1861, morte en 1865.

Sœur Louise-Clotilde, née à Pontchy, partie en 1861, actuellement à Yanaon.

Sœur Anne-Marie, née dans le diocèse de Maurienne, partie en 1861, actuellement à Yanaon.

Sœur Sabine, née dans le diocèse de Maurienne, partie en 1861, morte en 1866.

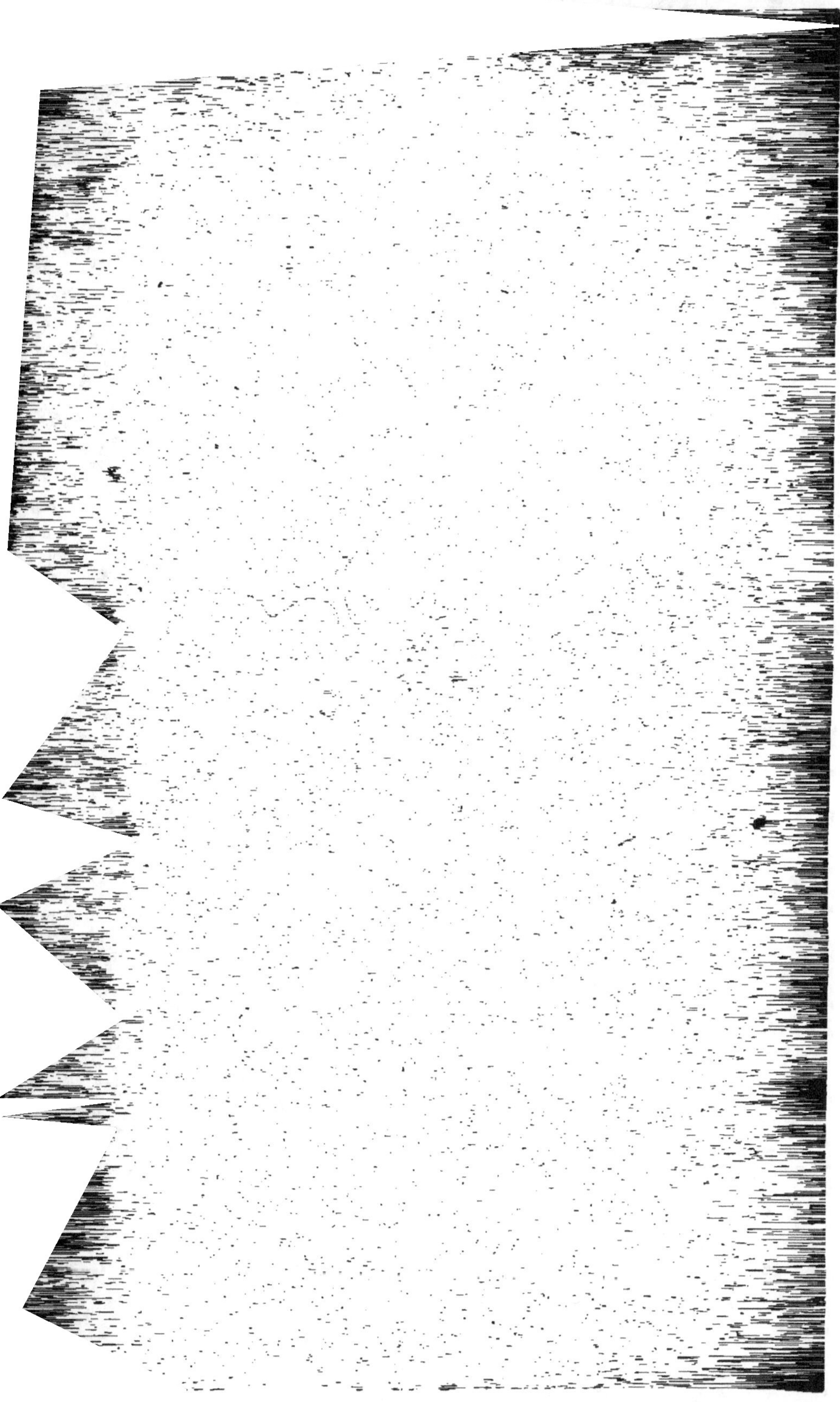